Savais-tu?

Les Scorpions

Savais-tu?

Les Scorpions

Alain M. Bergeron
Michel Quintin
Sampar

Illustrations de Sampar

ÉDITIONS
MICHEL
QUINTIN

Données de catalogage avant publication (Canada)

Bergeron, Alain M., 1957-

  Les scorpions

  (Savais-tu? ; 5)
  Pour enfants de 7 ans et plus.

  ISBN 2-89435-191-7

  1. Scorpions - Ouvrages pour la jeunesse. 2. Scorpions
Ouvrages illustrés. I. Quintin, Michel, 1953- . II. Sampar.
III. Titre. IV. Collection.

QL458.7.B47 2002   j595.4'6   C2002-940104-6

Révision linguistique : Maurice Poirier

 Le Conseil des Arts du Canada / The Canada Council for the Arts   SODEC Québec22   Patrimoine canadien   Canadian Heritage

La publication de cet ouvrage a été réalisée grâce au
soutien financier du Conseil des Arts du Canada et de la
SODEC. De plus, les Éditions Michel Quintin bénéficie de
l'aide financière du gouvernement du Canada par l'entremise
du Programme d'aide au développement de l'industrie de
l'édition (PADIÉ) pour leurs activités d'édition.

Gouvernement du Québec – Programme de crédit d'impôt
pour l'édition de livres – Gestion SODEC

ISBN 2-89435-191-7
Dépôt légal - Bibliothèque nationale du Québec, 2002
Dépôt légal - Bibliothèque nationale du Canada, 2002

© Copyright 2002
Éditions Michel Quintin
C.P. 340, Waterloo (Québec)
Canada J0E 2N0
Tél.: (450) 539-3774
Téléc.: (450) 539-4905
Courriel: mquintin@sympatico.ca

1 2 3 4 5 6 7 8 9 0 M L 6 5 4 3 2

Imprimé au Canada

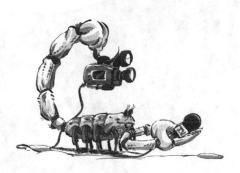

Savais-tu que les scorpions vivent surtout cachés sous les pierres, les écorces, dans le sable, ou dans des terriers? Ils s'aventurent aussi parfois dans les habitations humaines.

Savais-tu que les scorpions sont des animaux nocturnes qui habitent surtout les régions chaudes?

Savais-tu qu'on retrouve des scorpions sur le sommet de montagnes aussi hautes que 5 500 mètres d'altitude,

et d'autres, dans des grottes de 800 mètres de profondeur?

Savais-tu que les scorpions sont des invertébrés dont le corps est recouvert d'un squelette externe? Pour grandir, ils devront muer de 5 à 7 fois durant leur vie.

Savais-tu que le corps du scorpion contient des substances antigel? Ceci empêche la formation de

cristaux de glace dans ses tissus, ce qui lui permet de
survivre à la congélation jusqu'à -12 °C.

Savais-tu que, tout comme les chameaux, le scorpion peut supporter une perte d'eau pouvant atteindre plus du tiers de son poids?

Savais-tu que le plus petit scorpion ne dépasse pas 2 centimètres de long, alors que le plus grand atteint presque 20 centimètres?

Savais-tu que les scorpions se nourrissent principale-ment d'insectes, d'araignées et d'autres scorpions?

Savais-tu que les scorpions chassent toujours seuls?

Savais-tu que les scorpions chassent, soit en se
déplaçant à la recherche de leurs proies, soit à

l'affût en restant immobiles, attendant qu'une proie passe à leur portée?

Savais-tu que pour repérer ses proies le scorpion se sert de ses pattes? Celles-ci détectent les moindres vibrations du sol jusqu'à 50 centimètres de distance.

Savais-tu aussi qu'avec leurs poils tactiles, les scorpions captent les déplacements d'air provoqués

par les mouvements de leur proie? Ils la localisent ainsi avec précision.

Savais-tu que le scorpion saisit sa proie avec ses pinces et la porte ensuite à ses mâchoires pour la broyer?

Savais-tu que c'est une fois sa proie prédigérée qu'il en absorbe les éléments nutritifs?

Savais-tu que le scorpion peut supporter un jeûne de plusieurs mois?

Savais-tu que les scorpions possèdent, au bout de leur queue, un dard à la pointe très acérée? C'est de ce dard que débouchent leurs glandes à venin.

Savais-tu que le scorpion se sert de son dard à la fois
pour se défendre et pour immobiliser les proies de
grande taille ou qui se débattent trop violemment?

Savais-tu que la nocivité du venin varie selon l'espèce?
Le poison du scorpion du Sahara, comparable à celui
du cobra, peut tuer un chien en quelques secondes.

Savais-tu qu'il existe plus de 600 espèces de scorpions et que, de ce nombre, moins de 50 espèces peuvent être dangereuses pour l'homme?

Savais-tu que certaines espèces peuvent projeter leur venin à une distance d'environ 1 mètre?

Savais-tu qu'à l'échelle mondiale, les accidents provoqués par les piqûres de scorpions sont plus

nombreux que ceux provoqués par les morsures
de serpents?

Savais-tu que pendant la saison des amours, le mâle et la femelle s'agrippent par les pinces et dansent? Cette danse peut durer des heures.

Savais-tu que lors de cette danse où, face à face, ils s'attirent et se repoussent mutuellement, le mâle

dépose sa semence sur le sol et attire la femelle dessus
pour qu'elle la saisisse?

Savais-tu qu'après la danse, souvent la femelle dévore son partenaire?

Savais-tu qu'une femelle a en moyenne de 20 à 40 jeunes à la fois? Certaines peuvent en avoir plus de 100.

Savais-tu qu'aussitôt nés, les jeunes se servent des pinces et des pattes de leur mère comme d'une échelle pour grimper sur son dos?

Savais-tu que pendant les premières semaines de leur vie, les petits scorpions vivent entassés les uns contre les autres sur le dos de leur mère?

Savais-tu que les scorpions sont la proie de nombreux animaux : mygales, fourmis, crapauds, lézards, hiboux, coyotes, singes, et plusieurs autres?

Savais-tu que, selon les espèces, les scorpions peuvent vivre de 2 à 26 ans?

La collection Savais-tu ?

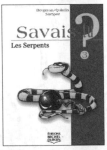

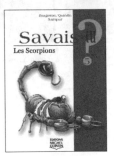